국립생태원은 한반도 생태계를 비롯하여 열대, 사막, 지중해, 온대, 극지 등 세계 5대 기후와 그곳에서 서식하는 동식물을 한눈에 관찰하고 체험할 수 있는 생태 연구·교육·전시 종합 기관입니다. 국립생태원 출판부(NIE PRESS)는 소중한 생태 정보와 이야기를 엮어 유아부터 성인, 전문가에 이르는 다양한 독자를 위한 책을 만들고 있습니다.

정보 제공 및 내용 감수에 참여한 **국립생태원 연구원**
이은옥(생태기반연구실) 백고은(전시교육실)

에코스토리 06 국립생태원이 들려주는 **생체 모방 연구** 이야기
호기심쟁이 수현이와 발명가 삼촌

발행일 2017년 9월 1일 초판 1쇄 발행
글 현재웅 | **본문그림** 이형진 | **부록그림** 박소영

발행인 이희철
편집책임 김웅식 | **편집** 유연봉 이규 천광일 전세욱 | **구성·진행** 강승연 정재윤 조현민
아트디렉터 신은경 | **디자인** 디자인아이(양신영 진선미) | **사진** Shutterstock
발행처 국립생태원 출판부 | **신고번호** 제458-2015-000002호(2015년 7월 17일)
주소 충남 서천군 마서면 금강로 1210 / www.nie.re.kr
문의 041-950-5998 / press@nie.re.kr

ISBN 979-11-88154-08-1 74400
979-11-88154-02-9(세트)

06 생체 모방 연구

호기심쟁이 수현이와 발명가 삼촌

글 현재웅 그림 이형진 감수 국립생태원

국립생태원
NIE PRESS

똑똑똑!

호기심쟁이 수현이는 삼촌 연구실에 놀러 가는 것을 좋아해요.

삼촌 연구실에는 신기한 동식물의 모형과 사진이 가득하거든요.

수현이 삼촌은 자신을 '대단한 발명가'라고 우기는 박사님이에요.

연구실 탁자 위에 뭔가 신기하게 생긴 것이 놓여 있었어요.

"삼촌! 이건 뭐예요?"

안경 같기도 하고 헬멧 같기도 한, 지금까지 본 적이 없는 물건이었어요.

"가상 현실이라고 들어 봤니?

가 보고 싶은 곳을 선택하면 진짜 그곳에 가 있는 것처럼 보여 주는 기계야.

어때? 한번 해 볼래?"

기계를 쓰자 수현이의 눈앞에 사막이 펼쳐졌어요.

"아, 더워. 삼촌, 진짜 사막에 있는 것 같아요!

그런데 사막에 뭐 볼 게 있다고……."

그런데 다시 보니 우뚝 서 있는 커다란 돌덩어리 같은 것이 보였어요.

"이건 흰개미 집이야. 흰개미가 더운 사막에서도

시원하게 지낼 수 있게 하는 엄청난 건축물이지!"

"어어, 흰개미가 무슨 냉방 기술사라도 돼요?"

"비밀은 바로 저 구멍들에 있단다.

대충 아무렇게나 뚫어 놓은 것 같아 보이지만,

아주 과학적이고 정확하게 바람이 통하게 만든 구멍이야.

이 구멍들을 통해 더워진 공기는 위로 빠져나가고 새로 차가운 공기가

아래로 들어오면서 늘 28도(℃) 정도의 온도가 유지되는 거지."

“그리고 그거 아니? 저 흰개미 집을 본떠 지은 건물이 있다는 사실!
흰개미 집처럼 에어컨 없이도 늘 24도(℃)를 유지하는
세계 최초의 자연 냉방 건물이 있단다.”

“정말요? 진짜 그런 건물이 있어요?”

“믹 피어스라는 건축가가 1996년 아프리카 짐바브웨에 만든
‘이스트게이트 센터’가 바로 그거야.

건물 1층의 벽을 터 찬 공기가 건물로 들어오게 하고,
옥상에 구멍을 뚫어서 더워진 공기가 자연스럽게
위로 빠져나갈 수 있게 한 것이 꼭 흰개미 집을 닮지 않았니?
이처럼 생물의 구조와 기능을 본떠서 새로운 것을 만드는 것을
'생체 모방'이라고 해. 자연에 적응해서 살아가는 생물에게 배울 점이 많단다."
"생체 모방을 한 것에는 또 어떤 것이 있어요? 더 알려 주세요."

수현이의 말이 끝나기 무섭게 주위가 어두워졌어요.

“아이코! 여긴 어디예요? 너무 캄캄하고 서늘해요.”

“여긴 동굴이야. 이런 동굴에도 사는 동물이 있는데…….”

그때 수현이가 꺅 소리를 질렀어요. 박쥐들이 날아오고 있었거든요.

“삼촌! 무서워요. 박쥐랑 얼굴이 부딪힐 것 같아요!”

“크크크. 녀석, 놀라긴. 박쥐가 너랑 부딪힐 일은 없으니까 걱정 마.”

“어? 정말 그렇네요. 박쥐 눈이 되게 좋나 봐요.”

수현이의 말에 삼촌이 크게 웃으며 말했어요.

"박쥐는 눈이 아주 작고 시력이 나빠 물체가 거의 안 보여."

"그럼 귀로 듣는 거겠죠, 뭐."

"반만 정답이야. 박쥐는 콧구멍에서 나오는 초음파를 이용해
어둠 속에서도 물체를 구별할 수가 있어.
박쥐가 쏜 초음파가 물체에 부딪히면 진동이 생기는데,
이 진동을 귀로 받아들여 물체가 어디에 있는지,
얼마나 큰지를 알아낼 수 있거든."

'초음파'가 뭐예요?

소리는 공기 중의 물체가 흔들리고 움직일 때 생기는 떨림이 귀에 전달되어 들리는 거예요. 하지만 사람은 이 떨림의 횟수가 너무 많거나 너무 적은 소리는 듣지 못하는데, 떨림의 횟수가 많은 소리를 초음파, 떨림의 횟수가 적은 소리를 초저주파라고 해요. 기린과 코끼리 등은 초저주파를 사용하지만, 고양이와 쥐 같은 동물들은 초음파를 사용해요.

"사람도 박쥐처럼 초음파를 사용할 때가 있어."

"정말요? 사람이 초음파를 사용한다고요?"

"물고기를 잡으러 바다로 나갔는데 물고기 떼가 보이지 않을 때, 초음파를 이용하면 물고기 떼의 위치를 알아낼 수 있어. 초음파의 반사*를 통해서 말이야."

*반사 일정한 방향으로 나아가던 진동이 다른 물체에 부딪혀 나아가던 방향을 반대로 바꾸는 것을 말해요.

"초음파는 아니지만 박쥐처럼 반사를 이용하는 것이 있는데 뭔지 아니?"

"음, 혹시 레이더요?"

"맞아. 레이더는 초음파 대신 전자기파를 발사하는데
물체에서 반사되어 오는 전자기파의 신호를 해석해
물체와의 거리, 위치 등을 알 수 있어.
레이더로 적의 비행기나 군대가 어디 있는지도 알아낼 수 있고
비구름이 어디 있는지를 살펴 날씨 예측도 할 수 있단다."

이번에는 수현이의 눈앞에 환하고 아름다운 호수가 펼쳐져 있었어요.
삼촌이 눈빛을 반짝거리며 작은 목소리로 말했어요.
"쉿, 저기 좀 봐."
삼촌이 가리키는 곳에는 나뭇가지에 앉아 물속을 쳐다보고 있는
머리와 날개가 파란 조그마한 새가 있었어요.
잠시 뒤 그 새가 날아오르더니 빠른 속도로
물속에 뛰어들었어요.

그런데 새가 물에 들어갈 때 물방울이 거의 튀지 않는 거예요.
물결의 움직임도 별로 없고 말이에요.
"우와! 정말 빠르네요. 그런데 어떻게 물방울이 조금밖에 튀지 않죠?"
"이 새의 이름은 물총새란다.
물속으로 총알처럼 빠르게 들어간다고 해서 붙은 이름이지.
물총새는 빠르기도 하지만 길고 끝이 뾰족한 부리 덕분에
물에 들어갈 때 흔들림이 적어 손쉽게 물고기를 잡을 수 있어."

"길고 뾰족한 부리로 물의 저항을 줄인 물총새를 본뜬 것도 있는데, 수현이가 맞혀 볼래? 귀띔을 해 주자면 아주 빠르단다."

"빠르다고요? 빠른 거 하면 역시 고속 열차죠."

의기양양 대답하는 수현이를 보고 삼촌이 웃으며 말했어요.

"고속 열차는 최고 시속 300킬로미터(km)까지 달려야 하는데 예전과 같은 네모난 머리 모양으로는 속도를 높일 수가 없었어. 그래서 열차의 머리 부분을 물총새처럼 공기의 저항을 덜 받는 날렵한 모양으로 만들게 된 거야."

삼촌이 기계의 버튼을 누르자 상어들이 헤엄치는 바닷속이 보였어요.

"으악, 상어다! 전 무서운 상어는 정말 싫어요!"

"상어 피부에도 사람들이 잘 모르는 비밀이 있다는 거 아니?"

"상어 피부에 비밀이 있다고요? 별로 특별해 보이지 않는데요?"

"얼핏 보면 매끈매끈해 보이는 상어의 피부는

사실 까칠까칠한 아주 작은 비늘 돌기로 덮여 있어.

이 작은 돌기들과 물이 부딪히면서 생기는 작은 소용돌이가
상어 주위의 큰 물줄기를 떼어 놓는 역할을 하지.
그래서 상어가 빠르게 물속을 누비고 다닐 수 있는 거야.
어디 그뿐인 줄 아니?
상어가 헤엄을 칠 때 이 비늘 돌기가 흔들려
세균이나 미생물이 달라붙지 못하게도 한단다."

"이런 상어의 피부를 본떠 작은 돌기를 붙인 전신 수영복이 나온 적이 있었어.

그러자 선수들이 앞다퉈 신기록을 세우기 시작했지.

하지만 그 기록들은 선수의 실력이 아닌 수영복 덕분인 것이어서

요즘은 그 수영복을 입을 수 없게 됐어."

"또 상어의 피부를 본뜬 코팅제*를 만든 회사가 있었어. 항공 모함이나 배의 표면에 발라 세균이나 동식물이 달라붙지 못하게 하기 위해서 말이야."

*__코팅제__ 어떤 물질의 표면에 엷은 막을 덮어씌워 표면의 질을 향상시키는 물질이에요.

‘서걱서걱, 툭. 투두둑’ 소리와 함께 울창한 숲이 나타났어요.

“삼촌, 아무것도 안 보이는데 나무가 가지째 막 잘려 나가요.”

“도토리거위벌레가 참나무* 가지를 자르고 있기 때문이야.

도토리거위벌레는 참나무 도토리 속에 알을 낳고 그 가지를 잘라 버리지.

잘려진 가지를 관찰한 과학자들은

도토리거위벌레의 솜씨에 깜짝 놀라고 말았지.”

*__참나무__ 상수리나무, 신갈나무, 졸참나무, 굴참나무, 갈참나무 등 도토리가 열리는 나무를 말해요.

"왜요? 솜씨가 어땠는데요?"

"잘려진 가지의 단면이 으깨짐이 없이 매끈했거든.

큰턱 바깥쪽에 있는 3개의 톱니로 구멍을 뚫고 가지를 잘라

작은 힘으로 넓은 부분을 매끈하게 자를 수 있었던 거야.

국립생태원에서는 도토리거위벌레의 솜씨를 본뜬

절단기나 수술 도구 등을 만들려고 연구하고 있단다."

화면이 꺼지고 다시 삼촌의 연구실이 되었어요.

삼촌이 기계를 살피는 동안 연구실을 둘러보던 수현이가

삼촌을 구박하기 시작했어요.

“삼촌! 연구실 좀 치우세요. 천장이 거미줄 천지잖아요!”

“거미줄을 치우라니! 거미줄이 얼마나 귀한 건데!”

“거미줄이 귀하다고요?”

“거미줄은 머리카락보다 훨씬 가늘지만,

같은 굵기의 강철보다 6배나 튼튼하단다.

게다가 충격을 흡수하는 능력이 뛰어나 쉽게 망가지거나 부서지지도 않지.

그래서 미국에서는 인공 거미줄 소재 방탄복을 개발 중이야.

거미줄을 본뜬 방탄복은 강하고 질길 뿐만 아니라 가볍고 유연해

총알을 막는 방탄복으로는 최고가 될 거야.”

강철보다 강하다!!!
거미줄의 비밀
이럴 수가~
강철
6개
총알도 문제없다!

삼촌과 함께 한 가상 현실 여행을 떠올리며 수현이가 물었어요.

“생물을 보고 만든 게 오늘 본 것 말고는 더 없나요?”

“옳거니, 너도 드디어 이 삼촌의 풍부한 과학 지식에 빠져들었구나!”

삼촌은 신이 나서 싱글벙글했어요.

“우선 비행기가 있지. 비행기는 하늘을 나는 새를 보고 만든 거니까. 그리고 도마뱀붙이를 본뜬 테이프, 노랑거북복을 보고 만든 자동차도 있어.”

“그리고 우리나라에서도 생체 모방에 관심이 많아.
아까 말한 것처럼 도토리거위벌레는 서천에 있는
국립생태원에서 연구하고 있는데 말이야…….”
삼촌의 입에서 끊임없이 나오는 말을 뒤로하고
수현이는 얼른 삼촌의 연구실을 빠져나왔어요.
삼촌 덕에 생체 모방에 대해 알게 되었지만
계속 있다가는 밤새 생체 모방 이야기를 들을 테니까요.

쏙쏙 정보 더하기

생체 모방은 무엇일까?

사람들은 생물을 보고 배우면서 과학과 기술을 발전시켜 왔어요. 오랜 시간 동안 자연과 조화를 이루며 적응해서 살아가는 생물들에게는 배울 점이 아주 많거든요. 짐승의 날카로운 발톱을 보고 칼과 화살촉 등의 무기를 만들고, 새의 날개를 보고 비행기를 만들었지요. 이렇게 자연에서 볼 수 있는 동식물을 연구하고 본떠서 우리에게 필요한 것들을 만들어 내는 일을 '생체 모방'이라고 해요. 과학이 발달하게 되면서 요즘에는 예전보다 더 활발히 연구되고 있지요.

낭비가 전혀 없는 완벽한 구조물, 벌집

꿀벌은 정육각형 모양의 방들로 이루어진 벌집에서 살아요. 정육각형으로 이루어져 공간의 낭비가 전혀 없는 완벽한 구조물인 벌집은 최소의 자재를 써서 최대의 공간을 얻는 경제적인 구조를 가지고 있어요. 또한 벌집은 가장 균형 있게 힘을 배분하는 안정적인 구조이기도 해요. 실제로 벌들은 이렇게 지어진 벌집에서 집보다 30배나 무게가 나가는 양의 꿀을 저장하고 살아요. 이러한 벌집 구조는 건축물, 포장에 사용되는 골판지, 텔레비전 액정 화면, 비행기 날개 등에 널리 사용되고 있어요.

벌집의 단면

벌집을 본뜬 육각형 구조 골판지

도마뱀붙이를 본뜬 게코 테이프

대부분의 동물들은 곤충처럼 벽을 타고 기어올라가거나 천장에 거꾸로 매달리지 못해요. 하지만 열대 지방에 사는 흔히 '게코'라고 불리는 도마뱀붙이에게 이런 일은 어려운 일이 아니에요. 도마뱀붙이가 천장에 매달릴 수 있는 건 발가락 바닥에 발달한 수많은 솜털 때문이에요. 눈에 보이지 않을 정도로 가느다란 털이 벽에 닿으면 들러붙으려는 힘이 생겨 자신의 몸을 지탱할 수 있어요. 이런 도마뱀붙이를 본떠 과학자들이 유리 벽에 단단히 붙지만 또 쉽게 떨어지는 게코 테이프를 만들었어요. 이 테이프는 도마뱀붙이의 발가락 바닥처럼 수천 개의 솜털로 뒤덮여 있어 다른 테이프와는 비교가 안 될 정도로 강력해요.

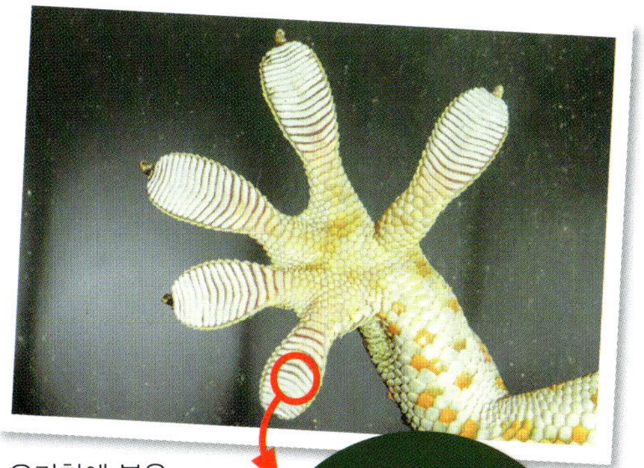

유리창에 붙은 도마뱀붙이의 발바닥

현미경으로 확대한 도마뱀붙이의 발가락 바닥 솜털

노랑거북복을 닮은 귀여운 자동차

단단한 피부와 네모난 모양의 노랑거북복

노랑거북복을 본뜬 자동차

우리나라 제주도에서도 볼 수 있는 노랑거북복은 몸은 작지만 1초에 자신의 몸길이의 6배까지 헤엄칠 수 있을 정도로 아주 빠른 물고기예요. 각진 모양의 단단한 모서리가 몸의 균형을 잡아 주고 꼬리가 잘록해 물의 저항을 적게 받기 때문이에요. 작지만 빠른 자동차를 만들고 싶었던 독일의 한 자동차 회사는 노랑거북복을 본떠 단단하면서 공기 저항은 적은 자동차를 만들었어요. 귀여운 모양의 이 자동차는 최고 시속 190킬로미터(km)까지 달릴 수 있으면서도 비슷한 크기의 자동차보다 연료를 20퍼센트(%) 이상 아낄 수 있었대요.

홍합은 딱 붙어서 떨어지지 않아!

홍합은 스스로 접착제를 만들어 바닷속 바위에 붙어 있어요. 홍합이 만들어 내는 접착제는 아주 강해서 아무리 강한 파도에도 떨어져 나가지 않고 붙어 있을 수 있어요. 또 플라스틱, 금속, 유리, 피부 등 다양한 곳에 붙을 수 있고, 물에 젖을수록 더욱 강해져요. 이 접착제를 이용한 수술용 접착제가 우리나라에서 개발되었어요. 이 수술용 접착제는 접착력도 강하고 살아 있는 생물에 사용해도 부작용이 없어 수술용 실을 대신해서 사용할 수 있다고 해요.

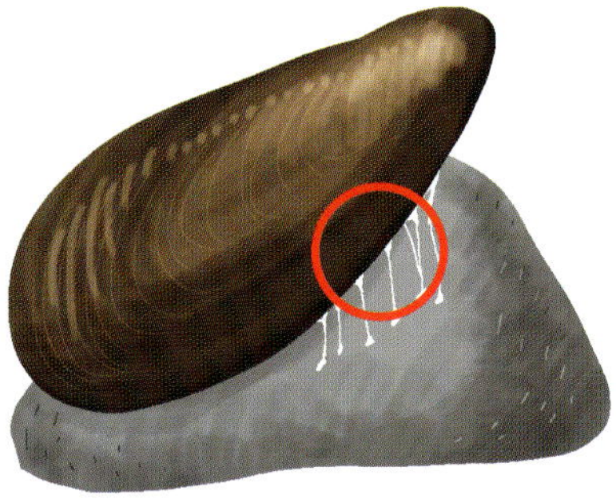

접착 단백질을 이용해 단단히 붙어 있는 홍합

연잎은 항상 깨끗해!

연잎 표면에
물방울이 맺힌 모습

연잎을 본 적이 있나요? 연잎은 신기하게도 항상 깨끗한 상태를 유지하고 있는데 이것은 연잎 표면을 덮고 있는 작은 돌기들 때문이에요. 표면을 크게 확대했을 때만 보이는 이 돌기들 때문에 물방울이 연잎에 닿지 못하고 동그란 형태로 떠 있다가 또르르 굴러가게 되는 거예요. 이 과정에서 연잎 위에 있던 먼지 등도 함께 사라지는 거지요. 물에 젖지 않고 때가 잘 묻지 않는 기능성 옷, 물을 뿌려 주는 것만으로도 먼지가 깨끗하게 떨어지는 페인트 등은 이런 '연잎 효과'를 이용한 것들이에요.

저항을 줄이는 혹등고래의 지느러미

혹등고래는 거대한 물결 모양의 지느러미를 가지고 있어요. 지느러미의 물결 모양은 물의 저항을 줄이고 뜨는 힘을 증가시켜 180도(°) 회전과 같은 민첩한 움직임도 가능하게 해 주지요. 혹등고래의 물결 모양 지느러미를 본떠 풍력 발전소의 날개를 만들었는데, 이렇게 만들어진 날개는 공기의 저항을 줄여 낮은 풍속에서도 작동할 수 있다고 해요.

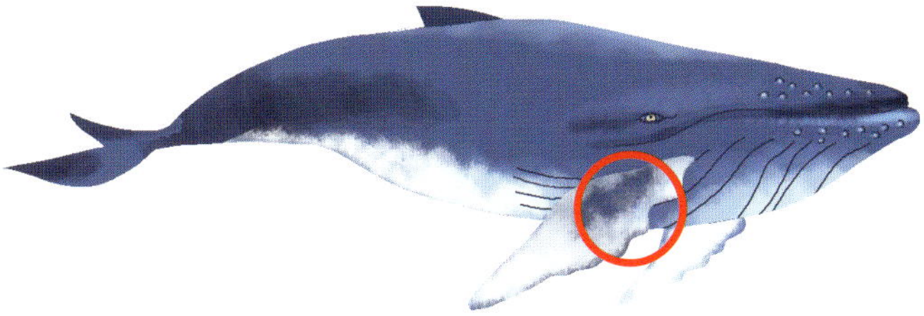

물결 모양의 지느러미를 가진 혹등고래

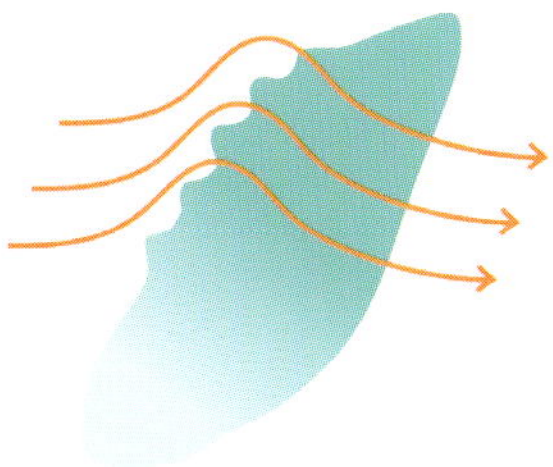

물의 저항을 줄이는 지느러미의 돌기

사막딱정벌레의 물 모으기

아프리카 나미브 사막에 사는 사막딱정벌레는 안개가 끼는 아침이면 바람 부는 쪽으로 등을 세우고 안개를 모아요. 울퉁불퉁한 등에 안개를 모아 물을 만든 뒤 입 쪽으로 굴려 마시기 위해서요. 사막에서 살아남기 위한 사막딱정벌레만의 비법이지요.

사막딱정벌레가 물을 모으는 방법을 본떠 한 디자이너가 '듀 뱅크(Dew Bank)'라는 것을 만들었어요. 듀 뱅크는 찬 성질을 가진 스테인리스강 재질의 돔과 같은 형태를 가지고 있는데, 아침이면 찬 재질의 돔에 공기 속 수증기가 이슬방울 형태로 맺혀 아래로 모이게 되어 있어요. 잠들기 전 평평한 곳에 듀 뱅크를 놓아두기만 하면 하루에 약 1잔의 물을 모을 수 있다고 해요.

등을 이용해 물을 모으는 사막딱정벌레

사막딱정벌레가 물을 모으는 방식을 본뜬 듀 뱅크

국립생태원이 들려주는 에코스토리